BEI GRIN MACHT SICH WISSEN BEZAHLT

- Wir veröffentlichen Ihre Hausarbeit,
  Bachelor- und Masterarbeit

- Ihr eigenes eBook und Buch -
  weltweit in allen wichtigen Shops

- Verdienen Sie an jedem Verkauf

Jetzt bei www.GRIN.com hochladen und kostenlos publizieren

Bibliografische Information der Deutschen Nationalbibliothek:

Die Deutsche Bibliothek verzeichnet diese Publikation in der Deutschen National-
bibliografie; detaillierte bibliografische Daten sind im Internet über http://dnb.d-
nb.de/ abrufbar.

Impressum:

Copyright © 2013 GRIN Verlag, Open Publishing GmbH
Druck und Bindung: Books on Demand GmbH, Norderstedt Germany
ISBN: 9783668330061

Dieses Buch bei GRIN:

http://www.grin.com/de/e-book/343156/sprachgesellschaften-im-17-jahrhundert-
rompler-von-loewenhalt-und-die

Philipp Zeidler

Sprachgesellschaften im 17. Jahrhundert. Rompler von Löwenhalt und die 'Aufrichtige Gesellschaft von der Tannen'

GRIN Verlag

GRIN - Your knowledge has value

Der GRIN Verlag publiziert seit 1998 wissenschaftliche Arbeiten von Studenten, Hochschullehrern und anderen Akademikern als eBook und gedrucktes Buch. Die Verlagswebsite www.grin.com ist die ideale Plattform zur Veröffentlichung von Hausarbeiten, Abschlussarbeiten, wissenschaftlichen Aufsätzen, Dissertationen und Fachbüchern.

Besuchen Sie uns im Internet:

http://www.grin.com/

http://www.facebook.com/grincom

http://www.twitter.com/grin_com

Rompler von Löwenhalt und die Aufrichtige Gesellschaft von der Tannen

Inhaltsverzeichnis

1. Einleitung 3

2. Zum Begriff „Sprachgesellschaft" 4

3. Die Stadt Straßburg und ihr gesellschaftliches Umfeld 6

4. Das Leben Romplers 9

5. Die Gesellschaft und die Vorrede von Romplers Gedichtband 10

6. Fazit 14

7. Literaturverzeichnis 16

1. Einleitung

Die sogenannten „Sprachgesellschaften" spielten eine nicht unwesentliche Rolle im geisteswissenschaftlichen Leben des deutschen Sprach- und Kulturraums im 17. Jahrhundert – auch oder gerade weil man zu diesem Zeitpunkt noch nicht von „einer" zusammenhängenden, voll ausgebildeten deutschen Sprache sprechen konnte. Die vorliegende Arbeit soll sich nun exemplarisch mit einer der chronologisch gesehen zweiten Sprachgesellschaft der damaligen Zeit befassen, der „Aufrichtigen Gesellschaft von der Tannen" und ihrem Stifter, Jessaias Rompler von Löwenhalt. Hierbei soll eine möglichst umfassende Betrachtung erfolgen. Dazu gehört zunächst die Betrachtung des Begriffes „Sprachgesellschaften" und ihrer Bedeutung und Rezeption. Danach soll das Umfeld der Tannengesellschaft, das heißt die historische Situation zu Beginn des 17. Jahrhunderts allgemein und vor allem für die Stadt Straßburg im speziellen, näher beleuchtet werden. Aber auch auf die zwei zur damaligen Zeit in der Stadt vorherrschenden Geisteshaltungen, der Humanismus mit Matthias Bernegger als seiner zentralen Figur sowie die Reformorthodoxie, angeregt von Johannes Schmidt, soll eingegangen werden. Alles in allem sollen diese Betrachtungen der Frage dienen, inwiefern sich die Umstände der damaligen Zeit in der Sprachgesellschaft und dem Wirken und den Ansichten Romplers niedergeschlagen haben.

Neben der Betrachtung der Person des Dichters soll ein weiteres Kernelement dieser Arbeit aus der Betrachtung der Vorrede seines Gedichtbandes „Erstes Gebüsch seiner Reim-getichte" bestehen. Da für die Tannengesellschaft so gut wie alle organisatorischen Unterlagen nicht mehr vorhanden sind, liefert diese Vorrede einige wichtige Anhaltspunkte zu den Absichten und Vorstellungen dieser Sprachgesellschaft. Sie ist bedeutend, „[g]erade weil von der Aufrichtigen Tannengesellschaft weder Satzungen noch Sitzungsprotokolle auffindbar sind [...]".[1] Allgemein ist die Forschungslage zu dieser Sprachgesellschaft als sehr dürftig bzw. schlecht einzuschätzen.[2]

---

[1] Ludwig, Heinz: Die Aufrichtige Gesellschaft von der Tannen zu Strassburg. Eine Monographie, Innsbruck 1971, S. 83.
[2] Bircher, Martin: Zur Quellen- und Forschungslage bei den Sprachgesellschaften, in: Ders. / van Ingen, Ferdinand (Hrsg.): Sprachgesellschaften, Sozietäten, Dichtergruppen (Wolfenbütteler Arbeiten zur Barockforschung, Bd. 7), Hamburg 1978, S. 27.

Besonders deutlich lässt sich dies allein schon an dem Leben ihres Stifters Rompler von Löwenhalt belegen.[3]

Die Gründe hierfür kann man darin sehen, dass die deutsche Literaturgeschichte vor allem im Vergleich mit der französischen oder italienischen erst später zu einer mit diesen Ländern vergleichbaren Ausprägung kam und alle „frühere" Literatur vor der Klassik in deren Schatten geriet.[4] Zudem ist der Zugang zur Barockliteratur ein anderer und mit dem zu der Literatur anderer Epochen kaum zu vergleichen. Es ist schwieriger, die individuelle Substanz der Barockliteratur zu erfassen und sie interpretatorisch zu behandeln, da ihre poetischen Formen und Ausdrucksmittel durch lange geltenden Traditionen festgelegt und vorgeschrieben sind und daher nur ein in hohem Maße entindividualisiertes Schreiben und Sprechen erlauben.[5] Dies ist vor allem für die Betrachtung von Romplers Vorrede zu beachten. Nichtsdestotrotz stellen die Sprachgesellschaften als Organisationsformen „eine historische Besonderheit" dieser Epoche dar und können als „außerordentlich charakteristisch" für selbige gelten.[6] Aus diesem Grund soll nun eine Betrachtung sowohl der damaligen Zeit als auch einer ihrer Sprachgesellschaften, der Aufrichtigen Gesellschaft von der Tannen, erfolgen.

2. Zum Begriff „Sprachgesellschaft"

Die Idee der Sprachgesellschaften stammt von der Vorstellung der Sprachakademien und entstand nicht zuerst im deutschsprachigen Raum, sondern vorwiegend in Italien und den Niederlanden. Zu den ersten Gründungen von solchen Gesellschaften kam es in Italien bereits im 15. Jahrhundert. Das allgemein angesehenste und bekannteste Vorbild stellt hierbei die „Accademia della Crusca" dar, welche 1582 in Florenz gegründet wurde und ursprünglich als Verein der literarischen Unterhaltung dienen sollte (konkret dem Vorlesen und Besprechen eigener und fremder Werke). Erst später gab sie sich eine Satzung und stellte die toskanische Sprache in den Mittelpunkt ihrer Arbeit.[7] In den Niederlanden bildeten sich etwa zur gleichen Zeit sogenannte „Rederijkerkamers". Beiden Organisationsformen war gemeinsam, dass sie die Pflege der Sprache und

---

[3] Schäfer, Walter Ernst: Jessaias Rompler von Löwenhalt als Satiriker und die Straßburger Tannengesellschaft, in: Daphnis. Zeitschrift für mittlere deutsche Literatur und Kultur der frühen Neuzeit 5, 1976, S. 128.
[4] Steinhagen, Harald: Einleitung, in: Steinhagen, Harald (Hrsg.): Zwischen Gegenreformation und Frühaufklärung: Späthumanismus, Barock (Deutsche Literatur. Eine Sozialgeschichte, Bd. 3), Hamburg 1985, S. 10.
[5] Ebd., S. 12.
[6] Ketelsen, Uwe-Karsten: Literarische Zentren – Sprachgesellschaften, in: Steinhagen, Harald (Hrsg.): Gegenreformation und Frühaufklärung, S. 128.
[7] Otto, Karl F.: Die Sprachgesellschaften des 17. Jahrhunderts, Stuttgart 1972, S. 7.

Rhetorik zu ihrer Aufgabe machten und, im florentinischen Falle, das Toskanische sogar zu einer italienischen Volkssprache erheben wollten.[8]

Die Konzentration auf und das Bemühen um eine deutsche Sprache beziehungsweise deren Entwicklung, Pflege und „Reinigung" war auch das Anliegen vieler deutscher Sprachgesellschaften und somit auch der Aufrichtigen Tannengesellschaft:

> „Die Sprachgesellschaften galten als pedantische Hüterinnen sprachlicher Reinheit und als Versammlung von nörgelnden Verbesserern und Wortfindern. Ihr vornehmstes Ziel ist die Reinerhaltung der deutschen Sprache von fremden Einflüssen und damit auch die dichterische Formgebung."[9]

Im deutschen Gebiet gab es mehrere Sprachgesellschaften. Als bekannteste ist hier zweifelsohne die „Fruchtbringende Gesellschaft" zu nennen, welche 1617 gegründet wurde, in ihren Hochphasen nahezu 890 Mitglieder hatte und ganz konkret nach dem Vorbild der „Accademia della Crusca" gestaltet sein sollte.

Wie sich am oben angeführten Zitat bereits sehen lässt, war die Rezeption der Sprachgesellschaften auch schon zu ihren Wirkzeiten nicht immer positiv. In der Forschungsliteratur werden sie negativ beurteilt, stellenweise verbunden mit dem Vorwurf, „[...] sie hätten gar nichts geleistet [...]"[10]. Dieses Urteil wird den Gesellschaften und ihren Mitgliedern jedoch nicht gerecht. Die Leistungen der Vereinigungen sind, vor allem, wenn man sie im historischen Kontext betrachtet, durchaus beachtlich:

> „[...] die Pflege der Muttersprache, die Ausbildung einer einheitlichen deutschen Gemeinsprache, die Schaffung einer deutschen Grammatik [...] [sowie] die Zusammenstellung eines deutschen Wörterbuches."[11]

Ein weiterer wichtiger Punkt, der im Rahmen ihrer Leistungen betrachtet werden muss, ist der ihrer Übersetzertätigkeit. Viele der Übersetzungen der damaligen Zeit sind den Sprachgesellschaften zuzuweisen, in der „Deutschgesinneten Genossenschaft" galt es sogar als Pflicht, dass die Mitglieder, sofern sie keine eigenständigen Schriftsteller waren, als Übersetzer tätig waren.[12] Die Übersetzungen bereicherten ihrerseits die

---

[88] Flamm, Traugott: Eine deutsche Sprachakademie. Gründungsversuche und Ursachen des Scheiterns (von den Sprachgesellschaften des 17.Jahrhunderts bis 1945) (Europäische Hochschulschriften, Bd. 1449), Frankfurt/Main 1994, S. 5f.
[9] van Ingen, Ferdinand: Die Sprachgesellschaften des 17. Jahrhunderts. Versuch einer Korrektur, in: Daphnis 1, 1972, S. 14.
[10] Otto, Karl F.: Sprachgesellschaften, S. 64.
[11] van Ingen, Ferdinand: Sprachgesellschaften des 17. Jahrhunderts, in: Daphnis 1, S. 15.
[12] Otto, Karl F.: Sprachgesellschaften, S. 64.

deutsche Sprache, die durch sie an Präzision und Ausdrucksfähigkeit gewann und neue Begriffe in sich aufnehmen konnte. Ebenso nicht außer Acht lassen darf man die patriotische Wirkung der Sprachgesellschaften. In einer für das Volk sehr schweren, weil kriegsgeplagten Zeit, vermochten es die Sprachgesellschaften wenn auch nicht in übermäßigem Maße, einen nationalen Gedanken zu entwickeln und zu pflegen. So wird über die Fruchtbringende Gesellschaft gesagt, in ihr hätte „ein patriotisches Gemeingefühl unter seinen vielen und einflußreichen [sic!] Gliedern geweckt."[13]

All die Spracharbeit, die von den diesen Gesellschaften angehörigen Schriftstellern getätigt wurde, muss auch in dem Kontext der ethischen Perspektive der Sprachgesellschaften betrachtet werden. Die Gesellschaften bemühten sich um die Verbesserung von Kultur und Sitten und sahen als Hauptmittel dafür die Hebung der Sprache auf ein höheres, besseres Niveau. Die reine Spracharbeit losgelöst von diesem Punkt zu betrachten hieße, das wahre Ansinnen der Sprachgesellschaften zu verkennen und ihren Zielen die historische Relevanz zu nehmen.[14]

Gerade aus diesem Grund ist es wichtig, die Situation und das Umfeld, in welcher die Mitglieder der Aufrichtigen Tannengesellschaft lebten und wirkten, näher zu betrachten. Dies soll nun im nächsten Teil der Arbeit erfolgen.

3. Die Stadt Straßburg und ihr gesellschaftliches Umfeld

Die Situation in Straßburg zur damaligen Zeit zu betrachten ist insofern von Relevanz, als dass sich Literatur im 17. Jahrhundert in sehr starkem Maße an Orten und Regionen konzentrierte. Zentren wie Wolfenbüttel, Heidelberg, Nürnberg, Schlesien oder eben Straßburg stehen für das, was heute als Literatur des Humanismus, der Gegenreformation und des Barock gilt.[15]

Straßburg befand sich, aufgrund seiner Lage an einem strategisch wichtigen Rheinübergang, im Interessengebiet mehrerer Parteien und Interessengruppen (der Habsburger, Schweden und Franzosen). Von all diesen Parteien gab es mehrmals Angebote, Vertragsverhandlungen und politische und militärische Forderungen, welche in der Stadt von einem komplizierten Verwaltungsapparat behandelt werden mussten.[16]

---

[13] Flamm, Traugott: Eine deutsche Sprachakademie, S. 15.
[14] van Ingen, Ferdinand: Sprachgesellschaften des 17. Jahrhunderts, in: Daphnis 1, S. 22.
[15] Ketelsen, Uwe-Karsten: Literarische Zentren, in: Steinhagen, Harald: Gegenreformation und Frühaufklärung, S. 117f.
[16] Kühlmann, Wilhelm / Schäfer, Walter Ernst: Literatur im Elsaß von Fischart bis Moscherosch. Gesammelte Studien, Tübingen 2001, S. 100.

Es gab also stets Kräfte mit teils gegensätzliche Interessen, welche die Stadt bedrängten und sie unter ihre Herrschaft bringen bzw. sie sich zumindest hörig machen wollten.

Man kann sagen, dass „[d]as Sprachliche und die aufrichtigen [...] Bemühungen in Richtung auf eine neue deutsche Nationalkultur [...] einzig in Straßburg konsequent aufgegriffen worden [sind]", wobei dort „das nationale Moment noch stärker hervorgekehrt wurde"[17] – was mit Sicherheit auch auf die Einflüsse und Interessen aus dem „nicht-deutschen" Raum zurückzuführen ist.

Bereits im 16. Jahrhundert fand eine Verschärfung der politischen Tonlage statt und das Nationale wurde in ersten Werken stärker hervorgehoben. In Straßburg entwickelte sich die Auffassung, aus historischen Gründen zu Deutschland gehören zu müssen. Auch von Seiten des Kaisers maß man der Stadt eine besondere Bedeutung zu und verlieh ihr 1621 das Privileg zur Errichtung einer Universität. Die sich danach anschließende Phase des wirtschaftlichen und kulturellen Gedeihens der Stadt endete jedoch bald und in den 1630er Jahren herrschten Mangel, Seuchen und Hunger in der von Flüchtlingen überrannten und unter zunehmenden französischen Druck stehenden Stadt. Aus dieser Zeit fehlen umfassende Informationen zu Rompler, Schneuber und der Tannengesellschaft. Erst ab 1640 besserte sich die Lage in Straßburg wieder und sind wieder Gedichte der beiden bekannt.[18]

Es bleibt festzuhalten, dass im Jahr der Gründung der Aufrichtigen Gesellschaft von der Tannen 1633 in Straßburg sehr schwierige materielle Verhältnisse herrschten und die Zeit von Mangel und Chaos geprägt war. Doch was waren die vorherrschenden Geisteshaltungen, welche Leute wie Rompler von Löwenhalt beeinflussten?

Hier ist die Betrachtung zweier Personen wichtig. Zum einen die des Matthias Bernegger (1582-1640). Bernegger war Professor an der Straßburger Akademie und die zentrale Figur der Straßburger Humanisten. Er galt als sehr guter Pädagoge und Redner.[19] Als Gelehrter an der Universität hatte er persönlichen Kontakt zu dem Studenten Rompler und es herrschte eine nicht von der Hand zu weisende Verbindung zwischen den beiden. Ein Mitbegründer der Tannengesellschaft war Bernegger jedoch nicht. Er kann zwar als einer ihrer geistigen Väter gelten, eben weil seine Ansichten auch auf Rompler und die anderen Dichter der Gesellschaft gewirkt haben, eine „direkte

---

[17] Ludwig, Heinz: Aufrichtige Gesellschaft, S. 15.
[18] Ebd., S. 39.
[19] Scholte, Jan-Hendrik: Wahrmund von der Tannen, in: Neophilologus 21, 1936, S. 270.

Mitarbeit oder [...] größeren Einfluß [sic!] [...] bei der Gründung der ‚Aufrichtigen Gesellschaft von der Tannen'" bestand jedoch nicht.[20] Zum anderen waren natürlich auch die konfessionellen Zustände der damaligen Zeit in Straßburg ein nicht außer Acht zu lassender Faktor. In der Stadt herrschten damals vorpietistische Frömmigkeitsbestrebungen, welche vor allem durch den Theologen Johannes Schmidt (1594-1658) repräsentiert wurden.[21] Die auch unter dem Namen Reformorthodoxie oder lutherische Orthodoxie bekannte Bewegung hatte Frömmigkeit und Gottseligkeit als Ziel und sah die Zustände in Folge von Krieg und Seuchen als eine Strafe Gottes. Schmidt wollte in seiner Tätigkeit als Präsident des Kirchenkonvents sowohl die moralische Disziplin des Einzelnen als auch die Probleme der Stadt und ihrer Ordnung beeinflussen. Der Schwerpunkt der im Sinne des strengen Luthertums stehenden konfessionellen Lehre lag bei einem Streben nach einer Verbesserung des Lebens.[22] Mit seinen Ansichten und der energischen Art, wie er versuchte diese umzusetzen, stand Schmidt in ständigem Gegensatz zu Bernegger, welcher zudem zur damaligen Zeit an einer Übersetzung von Galileis in starkem Widerspruch zur kirchlichen Lehre stehenden Werk „Dialoge über die Weltsysteme" ins Latein arbeitete. Die Gründung der Tannengesellschaft fand nun genau zu der Zeit statt, in der Schmidt seine Reformen vorantrieb. Hier lässt sich einfacher ein Bezug herstellen als zu Bernegger und dem Humanismus. Romplers Gedichtband erhält eine religiöse Ausrichtung schon durch den ersten Satz, der in dem Werk zu finden ist: „Der Herr lasst es den Aufrichtigen gelingen." Der Band an sich enthält hauptsächlich geistliche Lyrik und Themen und Inhalte der gedruckten Gedichte lassen Hinweise auf die reformorthodoxische Bewegung erkennen. Schmidts Kirchenpolitik stellt den Bezugsrahmen für Romplers lyrische Tätigkeit in der damaligen Zeit dar und muss deshalb bei der Betrachtung, auch der Tannengesellschaft und ihrer Auffassung von „Tugendhaft", mit herangezogen werden. Allerdings lassen sich keinerlei Anhaltspunkte für eine persönliche Beziehung zwischen Johannes Schmidt und Rompler von Löwenhalt finden.

---

[20] Bopp, Monika: Die „Tannengesellschaft". Studien zu einer Straßburger Sprachgesellschaft von 1633 bis um 1670 (Mikrokosmos. Beiträge zur Literaturwissenschaft und Bedeutungsforschung, Bd. 49) Frankfurt/Main [u.a.] 1998, S. 115.
[21] Kühlmann, Wilhelm / Schäfer, Walter Ernst: Literatur im Elsaß, S. 112.
[22] Bopp, Monika: Tannengesellschaft, S. 72.

Zusammenfassend lässt sich sagen, dass sich bei Rompler Verbindungen sowohl zu Schmidt als auch zu Bernegger feststellen lassen, eine besondere tiefergehende Nähe bestand jedoch zu keinem der beiden.[23]

4. Das Leben Romplers

Bei vielen Dichtern der damaligen Zeit, mit Ausnahme der „großen" Namen wie Martin Opitz oder Philipp von Zesen, sind biographische Daten nur sehr schwer zu ermitteln. So bleiben bei vielen sowohl der Ort ihres Wirkens als auch die Stationen ihres Lebens wenn nicht sogar auch ihre Lebensdaten im Unklaren.[24]

So ist es auch bei Jessaias Rompler von Löwenhalt nicht möglich, genaue Angaben über sein Geburtsjahr zu machen. Schon die Schreibweise seines Namens findet sich in mehreren Fassungen. Erste Erwähnung findet er 1628 in der Matrikel der Universität Straßburg (juristische Fakultät) unter dem Namen Rumplerus Neapolitanus. Später unterzeichnet er seine Schriften mit Rompler, und auch Freunde und Bekannte wie Harsdörffer oder Boecler adressieren ihre Schriften an ihn mit diesem Namen.[25]

Der Ausdruck „Neapolitanus" lässt sich als Hinweis auf Wiener Neustadt als Geburtsort deuten. Da sich im Straßburger Register jedoch der Eintrag „Zeapolitanus" findet und Wiener Neustadt eher mit „Nova Civitatis" hätte bezeichnet werden müssen, lässt sich als Geburtsort eher Dinkelsbühl annehmen.[26]

Der oben genannte Eintrag in die Matrikel stellt zugleich die erste Nennung des Namens in schriftlicher Form überhaupt dar. Auf ein Geburtsdatum lässt sich nur schließen, wenn man von der Annahme ausgeht, Rompler sei bei der Immatrikulation um die 20 Jahre alt gewesen. Somit ergäbe sich ein mögliches Geburtsjahr um 1605 herum.[27]

Die einzig sicheren Daten beziehen sich auf seine mittleren Lebensjahre. So ist bekannt, dass er sich ungefähr dreißig Jahre in Straßburg aufhielt und die Stadt nur für einige Reisen verließ. So verbrachte er etwa von 1642 bis 1645 mit den württembergischen Prinzen Leopold Friedrich und Georg einen Aufenthalt in Paris, in dessen Rahmen er auch mit Philipp von Zesen zusammentraf und woraus dieser möglicherweise den Anlass nahm, die Gründung der „Deutschgesinnten Genossenschaft" anzuregen, deren

---

[23] Bopp, Monika: Tannengesellschaft, S. 131.
[24] Bircher, Martin: Zur Quellen- und Forschungslage, in: Ders. (Hrsg.): Sprachgesellschaften, S. 29.
[25] Ludwig, Heinz: Aufrichtige Gesellschaft, S. 130.
[26] Ebd., S. 131.
[27] Heiduk, Franz: Jessaias Rompler von Löwenhalt. Neue Daten zu Leben und Werk, in: Daphnis 2, 1973, S. 204.

Mitglied Rompler später auch wurde.[28] Den beiden Prinzen widmete der Lyriker seinen Gedichtband von 1647.

Überhaupt gibt es in Romplers Leben viele Berührungspunkte mit dem Adel und dem badischen Hof. Schon bald nach seiner Ankunft in Straßburg begann er Kontakte in diesen Kreisen zu knüpfen und verdiente sich möglicherweise gar seinen Lebensunterhalt als Reisebegleiter, Gesellschafter und Privatlehrer höhergestellter Herrschaften. Er selbst war Nicht-adelig, auch wenn er den Titel „von Löwenhalt" nicht einfach frei von jedweder Grundlage trug.[29] Eine besondere Beziehung scheint dabei zu den Prinzessinnen Anna und Elisabeth bestanden zu haben. Er unterrichtete die beiden und seine Bestrebungen und Vorstellungen hinsichtlich Orthographie und Sprachreinigung haben einen belegbaren Einfluss auf die beiden ebenfalls schriftstellerisch tätig gewordenen Frauen gehabt.[30] Es ist ebenfalls möglich, dass sich der Lyriker und die beiden Adelstöchter auch auf religiöser Ebene mit pietistischem Gedankengut gegenseitig austauschten und beeinflussten.

Rompler stand also zweifelsohne mit dem badischen Hof in enger Beziehung und versuchte nie, im städtischen Umfeld der Stadt Straßburg etwa als Jurist oder als Gelehrter an der Universität tätig zu werden. Seine Stellung am Hof war jedoch stets gering, und es gibt Gründe, die gegen eine Tätigkeit als Hofdichter sprechen. So passte er sich z.b. häufig den Konventionen nicht an.[31]

Ebenso wie sein Geburtsdatum lässt sich auch das Jahr seines Todes nicht genau bestimmen. Überliefert ist jedoch, dass Rompler in seinen späteren Lebensjahren zunehmend einer Art „seelischen Verfalls" zum Opfer geworden sei. So soll er „dem Trunk verfallen gewesen" und gegenüber Hofbediensteten ausfällig geworden sein.[32] Das letzte bekannte Gedicht von ihm stammt von 1672, sein Name wird zum letzten Mal 1674 urkundlich erwähnt. Sein Tod muss demnach irgendwann nach 1674 erfolgt sein. Das für ihn von Prinzessin Elisabeth verfasste Totengedicht ist nicht datiert.

5. Die Gesellschaft und die Vorrede von Romplers Gedichtband

Wie bereits erwähnt, ist die „Vorred" in Romplers Werk „Erstes Gebüsch seiner Reim-Getichte" von 1647 das einzige überlieferte Dokument zur „Aufrichtigen Gesellschaft

---

[28] Bopp, Monika: Tannengesellschaft, S. 25.
[29] Ebd., S. 25.
[30] Stoll, Christoph: Sprachgesellschaften im Deutschland des 17. Jahrhunderts (List Taschenbücher der Wissenschaft. Literatur als Geschichte: Dokument und Forschung, Bd. 1463), München 1973, S. 180.
[31] Bopp, Monika: Tannengesellschaft, S. 38.
[32] Bopp, Monika: Tannengesellschaft, S. 33.

von der Tannen". Es sind weder Satzungen noch Sitzungsprotokolle bekannt. Die Tannengesellschaft stellt sich während ihrer Betrachtung vor allem im Vergleich zu den anderen Sprachgesellschaften als sehr zurückhaltend dar. Stellenweise wird sie gar als „Universitätsklub" bezeichnet, da sie ausschließlich nicht-adlige Mitglieder hatte, die zudem alle im engeren Umfeld der Straßburger Universität standen.[33]

Die Vorrede ist jedoch nicht mit einem Programm oder einer Satzung der Gesellschaft gleichzusetzen. Die Aufrichtige Gesellschaft wurde 1633 gegründet, der Gedichtband erschien jedoch erst 14 Jahre später (was jedoch auch der frühesten Erwähnung der Gesellschaft entspricht)[34]. Die Vorrede spricht somit nur einzelne, von Rompler zum Zeitpunkt des Verfassens als wichtig angesehene Punkte an. Zudem entspricht sie dem gezielten Hinführen auf eine Argumentation, das Ansprechen einer Zielgruppe und einer Selbstdarstellung des Autors, keiner grundlegenden allgemeinen Programmatik.[35]

Die Straßburger Gesellschaft ist die zweite ihrer Art und wurde 16 Jahre nach der Fruchtbringenden Gesellschaft gestiftet. Als Vorbild sollten neben dieser auch die italienischen Sprachakademien dienen. So findet sich bei Rompler:

> „Es wäre zuwünschen / daß man in löblichen wissenschaften /
>
> und künsten / da und dort verträulich miteinander anlege / wie
>
> in Italien gebräuchlich ist / vornehmlich unter dem adel; alwa
>
> beinahe in allen stätten academien (wie sie es heysen) gefunden
>
> werden / deren jede etwas sonders handelt / darvon man ehr und
>
> nutzen erlangen kann."[36]

Direkt im Anschluss folgt die Aussage, dass nach diesen Vorstellungen von „etliche[n] im [...] 1633ten jar den anfang der Aufrichtigen gesellschaft von der Tannen gemacht" wurde.[37] Somit ist das Jahr 1633 als Gründungsdatum der Gesellschaft belegt.

Ebenso findet sich das Ziel der Vereinigung in der Vorrede. Nach Rompler soll die Tannengesellschaft sich mit „alter Teutscher aufrichtigkeit / und rainer erbauung unserer währten Muter-Sprach" befassen.[38]

Der Begriff der Aufrichtigkeit bzw. Tugendhaftigkeit findet sich in der Programmatik vieler Sprachgesellschaften der damaligen Zeit. Der Bezug auf die „alte" Aufrichtigkeit

---

[33] Otto, Karl F.: Soziologisches zu den Sprachgesellschaften. Die Deutschgesinnte Genossenschaft, in: Bircher, Martin / van Ingen, Ferdinand (Hrsg.): Sprachgesellschaften, S. 151.
[34] Otto, Karl F.: Sprachgesellschaften, S. 58.
[35] Bopp, Monika: Tannengesellschaft, S. 163.
[36] Ludwig, Heinz: Aufrichtige Gesellschaft, S. 73.
[37] Des Jesaias Romplers von Löwenhalt erstes Gebüsch seiner Reim-getichte, Straßburg 1647, Hgg. von Kühlmann, Wilhelm / Schäfer, Walter Ernst, Tübingen 1988.
[38] Ebd.

entspricht einer Orientierung auf die verbindlichen Werte der Vergangenheit, um die Vorstellungen der Gegenwart zu gestalten. In Romplers Fall sollte jedoch auch ein möglicher christlicher Bezug in Betracht gezogen werden, gemäß dem Leitmotiv seines Gedichtbandes. Der Verlust der alten Werte wird als eines der Hauptdefizite der eigenen Zeit angesehen.[39]

Überhaupt zeichnet Rompler ein sehr negatives Bild vom Deutschland der damaligen Zeit. Das Leben im damaligen Reich war von den Verwüstungen und Wirren des Dreißigjährigen Krieges geprägt. Den Ausbruch des Konflikts erlebte er offenbar als Kind:

> „Wir haben in unserer kindheit eben kaum den ruffen des abschaidenden /
> und gen Himel fliegenden Fridens erblüffet / da wir noch so unverständig
> waren / daß wir den angehenden Krieg für ein wollustiges
> freudenspihl hielten."[40]

Es ist dann die Rede vom Kriegsgott Mars und Höllenhunden, die das ganze Deutschland „hohe-lohe" zum Brennen gebracht haben mit einem Feuer, welches auch den Rest der Welt entweder durch Flamme oder Rauch beschädigt habe. Doch Rompler sieht darin eindeutig eine Strafe Gottes, die „zwitracht des Gottesdienstes" hätte die Zerrüttung verursacht, welche schließlich zu diesem Krieg geführt habe. Nichtsdestotrotz spricht er auch davon, dass die Zeit, in der er lebt, immer noch „voller großer wunderwercke Gottes" sei.[41] Die geistlich geprägten Ansichten Romplers spiegeln sich also eindeutig wieder, und die Entbehrungen und Nöte der Zeit als eine Strafe Gottes zu sehen, findet sich auch in den Predigten des damaligen Präsidenten des Straßburger Kirchenkonvents, Johannes Schmidt.

Die Verschlechterung der Zustände in der Gesellschaft des Reiches begann jedoch laut Rompler schon vor dem Ausbruch des Krieges. So hätten sich gegenüber Künsten und Wissenschaften Undankbarkeit und Verachtung entwickelt, welche zur Folge hatten, dass viele Gelehrte Deutschland verließen (konkret denkt Rompler hier an Johannes Freinsheim [ebenfalls Mitglied der Tannengesellschaft], welcher 1642 nach Schweden emigrierte – daher der Ausdruck „über das Baltische mer gesegelt")[42] Er kritisiert weiterhin, dass sich die Vorstellung von „Gebildetsein" zum negativen verändert habe. So galt früher die „humaniora" (wahrscheinlich eine umfassende, humanistische

---

[39] Bopp, Monika: Tannengesellschaft, S. 322.
[40] Des Jesaias Romplers von Löwenhalt erstes Gebüsch seiner Reim-getichte.
[41] Ebd.
[42] Des Jesaias Romplers von Löwenhalt erstes Gebüsch seiner Reim-getichte, Kommentar, S. 11.

Allgemeinbildung) als allgemein gültiger Standard für einen Gelehrten, während es laut Aussage des Dichters zu Romplers Zeiten schon reichte, einmal an irgendeiner beliebigen „Facultät" eingeschrieben gewesen zu sein.

Die Aufrichtige Gesellschaft von der Tannen wählte, vermutlich in bewusster Abgrenzung zum Palmenbaum der Fruchtbringenden Gesellschaft, eine Tanne zu ihrem Symbol.[43] Ebenfalls unterschiedlich zu anderen Sprachgesellschaften war die Vergabe von Gesellschaftsnamen an ihre Mitglieder – diese fand bis auf eine Ausnahme nicht statt.[44] Lediglich Rompler unterzeichnete seine Werke in manchen Fällen mit „Wahrmund von der Tannen".

Die Mitgliederanzahl der Gesellschaft wurde stets gering gehalten. Um Missbräuchen vorzubeugen, sollten „keine unzüchtige[n] gesellen" aufgenommen werden, und der beste Weg, dies zu erreichen und zu kontrollieren, sei, dass „man nur eine wenige zahl bestimt / und beständig darbei bleibt."[45] Die Zahl der Mitglieder blieb also stets auf einem niedrigen Niveau und ist mit den Ausmaßen zum Beispiel der Fruchtbringenden Gesellschaft nicht zu vergleichen. Zudem fand ein neues Mitglied nur Aufnahme, wenn ein vorheriges aus der Gesellschaft verschied.[46] Bei Rompler, Freinsheim, Andreas Hecht, Peter Samuel Thiederich und Johann Matthias Schneuber ist die Mitgliedschaft sicher überliefert, andere wie Johann Heinrich Schill, Johannes Kueffer und Johann Michael Moscherosch können hingegen nur zum engeren Sympathisantenkreis gezählt werden.

In jeder Sprachgesellschaft hatte ein Mitglied die Position eines Zunftmeisters oder, wie es in Zesens „Deutschgesinnter Genossenschaft" hieß, des „Erzschreinhalters" inne. In der Tannengesellschaft war dies höchstwahrscheinlich Rompler von Löwenhalt. Allerdings nahm er dieses Amt offenbar sehr nachlässig wahr, mit mangelhaften organisatorischen Tätigkeiten und beeinflusst durch seine zeitweise Abwesenheit aus Straßburg – alles Faktoren, welche die schlechte Überlieferungslage erklären könnten.[47]

Im Bereich der Spracharbeit bzw. der „sprachreinigenden Tätigkeiten" ging es Rompler von Löwenhalt vor allem um orthographische Reformen. Exemplarisch sei hier das Eindeutschen von Fremdwörtern genannt. So erfindet er Neuschöpfungen wie „lährbeflissene" für Schüler oder „hundertjährung" anstelle von Jahrhundert. Die

---

[43] Stoll, Christoph: Sprachgesellschaften, S. 11.
[44] Otto, Karl F.: Sprachgesellschaften, S.58.
[45] Des Jesaias Romplers von Löwenhalt erstes Gebüsch seiner Reim-getichte.
[46] Ludwig, Heinz: Aufrichtige Gesellschaft, S. 81.
[47] Ludwig, Heinz: Aufrichtige Gesellschaft, S. 80f.

Begeisterung und das Interesse für die deutsche Sprache sind bei Rompler offenbar schon im Kindesalter entstanden:

> „ [...] ist der große lust zu unserer herlichen Teutschen Sprach
> (deren ich mich ohnedas von Kindheit aus nicht weniger als
> iergend anderer sachen / meinem ringen vermögen nach /
> beflissen) so [...] in mir gewachsen / daß ich zeitlich / so
> bald ich nämlich auf hohe schulen gezogen / mich unterfangen /
> auch versuech darin zuthun."[48]

Diese in der Vorrede dargelegten Aussagen finden sich auch in dem von Rompler genannten Ziel der Aufrichtigen Gesellschaft von der Tannen, der „Erbauung der Muttersprache", wieder.

6. Fazit

Nach der nähergehenden Betrachtung der „Aufrichtigen Gesellschaft von der Tannen" und dem Leben ihres Stifters Jesaias Rompler von Löwenhalt stellt sich die Frage nach einer Einordnung der Gesellschaft in den literaturhistorischen Kontext und einer Bewertung ihres Erfolgs.

Bei der Einschätzung der Sprachgesellschaften ist die Gefahr, sie, ihr Wirken und ihre Bedeutung entweder zu über- oder unterschätzen sehr groß.[49] Dies wird erschwert durch die in vielen Fällen (und besonders bei der Tannengesellschaft) schwierigen Überlieferungs- und Forschungslage.

An den Bestrebungen und dem Bemühen um eine Pflege und Gestaltung der deutschen Muttersprache lässt sich die kulturpatriotische Leitidee des 17. Jahrhunderts herauslesen - das Fordern nach deutscher Haltung, deutscher Aufrichtigkeit und deutscher Tugendhaftigkeit in einer Zeit, in der es einen einheitlichen deutschen Staat gar nicht gab. Rompler und seine Gesellschaftsgenossen können also zumindest als Patrioten gewertet werden.[50]

Die sprachreformatorischen Bestrebungen können durchaus als Erfolg gewertet werden, und Aussagen in der Lyrik Romplers kann man als Vorgriff auf den Jahrzehnte später sich als literarisch-religiöse Richtung niederschlagenden Pietismus sehen. Zudem war die Tannengesellschaft im südwestdeutschen Raum ein sprachlicher und kultureller

---

[48] Des Jesaias Romplers von Löwenhalt erstes Gebüsch seiner Reim-getichte.
[49] Flamm, Traugott: Eine deutsche Sprachakademie, S. 13.
[50] Stoll, Christoph: Sprachgesellschaften, S. 167.

Mittelpunkt, was zum Beispiel die Auseinandersetzung von Zesens und Harsdörffers mit dieser Gesellschaft belegen.[51]

Es gibt jedoch auch Anlass, die Ziele und Bestrebungen der Gesellschaft zu kritisieren. Vor allem eine gewisse Realitätsferne ließe sich hier nennen. Während es dem Volk in großer Zahl vornehmlich ums Überleben ging, regten Rompler und seine Mitstreiter eine Reinerhaltung der deutschen Sprache und das Streben nach Aufrichtigkeit an – wem sollte das zur damaligen Zeit nützen?[52]

Abschließend lässt sich sagen, dass die Sprachgesellschaften in der Literatur des 17. Jahrhunderts eine zentrale Rolle einnahmen, denn sie waren die Orte, an denen sprach- und literaturtheoretische Probleme behandelt wurden, an denen Reformgedanken ausgearbeitet und diskutiert wurden. Zudem sorgten sie in einer kriegsgeplagten Zeit dafür, dass die literarische Produktion nicht zum Stillstand kam, „und wäre es nur dadurch, daß[sic!] die Mitglieder mit einem neuen Werk ihrer Gesellschaft Ehre machen wollten und andere sich von der Veröffentlichung eines Werkes, das sie ehrerbietig einer Gesellschaft widmeten, die Mitgliedschaft erhofften."[53]

Die Rolle der Sprachgesellschaften für die Literatur und Kultur des 17. Jahrhunderts ist also durchaus von Bedeutung.

---

[51] Ludwig, Heinz: Aufrichtige Gesellschaft, S. 173.
[52] Kühlmann, Wilhelm / Schäfer, Walter Ernst: Literatur im Elsaß, S. 101.
[53] Flamm, Traugott: Eine deutsche Sprachakademie, S. 16.

7. Literaturverzeichnis

Bircher, Martin: Zur Quellen- und Forschungslage bei den Sprachgesellschaften, in: Bircher, Martin / van Ingen, Ferdinand (Hrsg.): Sprachgesellschaften, Sozietäten, Dichtergruppen (Wolfenbütteler Arbeiten zur Barockforschung, Bd. 7), Hamburg 1978.

Bopp, Monika: Die „Tannengesellschaft". Studien zu einer Straßburger Sprachgesellschaft von 1633 bis um 1670 (Mikrokosmos. Beiträge zur Literaturwissenschaft und Bedeutungsforschung, Bd. 49) Frankfurt/Main [u.a.] 1998.

Des Jesaias Romplers von Löwenhalt erstes Gebüsch seiner Reim-getichte, Straßburg 1647, Hgg. von Kühlmann, Wilhelm / Schäfer, Walter Ernst, Tübingen 1988.

Flamm, Traugott: Eine deutsche Sprachakademie. Gründungsversuche und Ursachen des Scheiterns (von den Sprachgesellschaften des 17.Jahrhunderts bis 1945) (Europäische Hochschulschriften, Bd. 1449), Frankfurt/Main 1994.

Heiduk, Franz: Jesaias Rompler von Löwenhalt. Neue Daten zu Leben und Werk, in: Daphnis 2, 1973, S. 202 – 204.

Ketelsen, Uwe-Karsten: Literarische Zentren – Sprachgesellschaften, in: Steinhagen, Harald (Hrsg.): Gegenreformation und Frühaufklärung, S. 117 – 138.

Kühlmann, Wilhelm / Schäfer, Walter Ernst: Literatur im Elsaß von Fischart bis Moscherosch. Gesammelte Studien, Tübingen 2001.

Ludwig, Heinz: Die Aufrichtige Gesellschaft von der Tannen zu Strassburg. Eine Monographie, Innsbruck 1971.

Otto, Karl F.: Die Sprachgesellschaften des 17. Jahrhunderts, Stuttgart 1972.

Schäfer, Walter Ernst: Jesaias Rompler von Löwenhalt als Satiriker und die Straßburger Tannengesellschaft, in: Daphnis. Zeitschrift für mittlere deutsche Literatur und Kultur der frühen Neuzeit 5, 1976, S. 127-143.

Scholte, Jan-Hendrik: Wahrmund von der Tannen, in: Neophilologus 21, 1936, S. 265 – 287.

Steinhagen, Harald: Einleitung, in: Steinhagen, Harald (Hrsg.): Zwischen Gegenreformation und Frühaufklärung: Späthumanismus, Barock (Deutsche Literatur. Eine Sozialgeschichte, Bd. 3), Hamburg 1985, S. 9 – 18.

Stoll, Christoph: Sprachgesellschaften im Deutschland des 17. Jahrhunderts (List Taschenbücher der Wissenschaft. Literatur als Geschichte: Dokument und Forschung, Bd. 1463), München 1973.

van Ingen, Ferdinand: Die Sprachgesellschaften des 17. Jahrhunderts. Versuch einer Korrektur, in: Daphnis. Zeitschrift für mittlere deutsche Literatur und Kultur der frühen Neuzeit 1, 1972, S. 14 – 23.